Großdruck

Impressum
Copyright by Veronika Totzeck, Hardtstr. 49, 73525 Schwäbisch Gmünd

Umschlaggestaltung:

Veronika Totzeck nach einem Aquarell von Hannah Höch

Geschichten für Menschen, auch mit Demenz

Bd.1: Von den Erinnerungen eines Eierpieksers bis zum Lebenstraum eines Maulwurfs

Inhalt

1. Vorwort.. 4

2. Ein Eierpiekser erinnert sich 11

3. Vom Lebenstraum eines Maulwurfs . 17

4. Die Gardinenschiene und der Vorhang 23

5. Vom weißen und vom grauen Schwan 31

6. Gedanken einer Stopfnadel 39

7. Ein kleiner Frosch will mehr 45

8. Das Leben eines Teppichrollers........ 53

9. Ein unentschlossenes Reh............... 61

10. Erinnerungen einer alten Bohrmaschine 66

11. Zwei Schnecken machen sich auf den Weg.. 75

12. Das Nudelholz weiß mehr, als man denkt 82

13. Eine Schildkröte sucht Anschluss 88

14. Eine vergessene Heckenschere 95

15. Vom Eichhörnchen, das fliegen will 104

16. Leben ohne Alltag: Ein Paar Manschettenknöpfe berichtet 110

1. <u>Vorwort</u>

„Solche Geschichten brauche ich für meine Arbeit im Seniorenheim", sagte eine

Freundin, als ich ihr eine Diktatgeschichte vorlas, die ich geschrieben hatte.

Sie habe schon oft gedacht, dass meine Geschichten für Menschen mit Demenz geeignet seien, sagte eine Mutter, deren Tochter zu mir in die Lerntherapie ging und deren Vater an Demenz gestorben war. Denn meine Geschichten hätten immer zwei Ebenen: Einmal die erzählende Geschichte, und dann noch eine zweite Ebene darüber, die etwas zum Nachdenken gebe. Je nach Tagesform könne ein Demenzkranker einfach der Geschichte folgen oder aber die

Anregung zum Erinnern und Nachdenken annehmen.

Sie selber hatte für ihren Vater Bücher gekauft, die sie nach seinem Tod im Heim gelassen hatte.

Das hat mich traurig gemacht. Meines Erachtens sollten Geschichten, mit denen wir Menschen, die uns etwas bedeuten, auf ihrem letzten Stück Weg begleiten, so sein, dass wir sie behalten mögen. Dass wir uns anhand dieser Bücher an Zusammensein und vielleicht sogar an einen Austausch von Gedanken erinnern mögen und können.

Demenzkranke sind keine Kinder. Sie haben ein Leben gelebt und vielfältige Erfahrungen gesammelt. Diese Erfahrungen sind ihnen zwar – mehr oder weniger – verlorengegangen, aber sie bleiben doch Menschen, die all diese Erfahrungen gelebt haben.

Demenzkranke Menschen brauchen Texte mit einfacheren Sätzen und eindeutigen Bildern. Doch auch damit lässt sich etwas ausdrücken, was zum Nachdenken anregt.

Ob die Bohrmaschine sich an ihr Leben erinnert, der alte Maulwurf sich seinen Lebenstraum erfüllt oder die

Gardinenschiene mit dem Vorhang streitet –
immer geht es auch um fundamentale
Fragen des Lebens.

Die Hauptpersonen der Geschichten sind
Alltagsgegenstände oder Tiere. Dadurch
lässt sich vieles mit wenig Text auf den Punkt
bringen, ohne dass es plakativ wirkt.

Vor jeder Geschichte finden Sie hinweisende
Fragen, die zum Erinnern auf der konkreten
Ebene anregen: an die eigene
Bohrmaschine, an die ersten, eigenen
Vorhänge/Gardinen, an Erfahrungen mit
Maulwurfshaufen. Viele der Alltagsdinge
haben Sie bei sich zuhause oder können sie

in die betreuende Einrichtung mitbringen, so dass sie betrachtet und angefasst werden können und schon dadurch Erinnerung auslösen.

Nach jeder Geschichte finden Sie außerdem Gesprächsfragen, die auch auf die übertragene Ebene zielen und nach eigenen Lebensträumen fragen, nach Freundschaften, nach dem, was im Leben wichtig ist beziehungsweise war.

Wählen Sie die Geschichten aus, die passen. Nicht jede Geschichte kann jeden Menschen ansprechen. Suchen Sie auch nach eigenen Gesprächsfragen. Die vorgeschlagenen

Gesprächsfragen sind in erster Linie als Anregung gedacht. Nicht jede Frage muss abgearbeitet werden.

Die Geschichten eignen sich sowohl für den privaten Gebrauch, wenn Angehörige einen Demenzkranken aus seiner Lethargie herausholen wollen, als auch als Grundlage und Ideengeber für Gruppensitzungen.

2. <u>Ein Eierpiekser erinnert sich</u>

<u>Hinführung:</u>

o In der folgenden Geschichte geht es um einen Eierpiekser/Eierstecher. Bringen Sie einen Eierpiekser/Eierstecher mit, lassen Sie ihn vorsichtig betasten. Erinnern Sie gemeinsam, wofür ein Eierpiekser/ Eierstecher benutzt wird und wie er funktioniert.

o Fragen Sie: Haben Sie einen Eierpiekser/Eierstecher gehabt?

o Wie sah der Eierpiekser/Eierstecher aus?

Ein Eierpiekser erinnert sich

Vor kurzem hat jemand gesagt, dass ich vollkommen überflüssig sei.

Hat der eine Ahnung! Ohne mich Eierpiekser hätten unzählige Sonntage mit einer Katastrophe begonnen. Am Sonntag war ich wichtig. Denn am Sonntag gab es für jeden zum Frühstück ein gekochtes Ei.

Das Eierkochen war ein regelrechtes Ritual. Meine Familie bestand aus fünf Personen: den Eltern und drei Kindern. Von denen wollten zwei das Ei weich, zwei das Ei hart und einer sein Ei genau in der Mitte zwischen weich und hart. Das Ei, das weder richtig hart noch richtig weich sein durfte, war besonders schwierig zu kochen. Der Vater hat deshalb die Zeit immer mit einer Stoppuhr gestoppt.

Nur ganz selten ist ein Ei geplatzt. Dann habe ich mich immer geschämt. Meistens hat die Mutter das geplatzte Ei gegessen.

Wenn ein Ei fertig war, wurde es kalt abgeschreckt und kriegte gleich einen Eierwärmer an. Die Eierwärmer waren wie Hühner gehäkelt, weiß mit jeweils noch einer anderen Farbe. So wusste jeder, wem welches Ei gehört.

Bei der Tochter, bei der ich jetzt bin, gibt es am Sonntag meistens Omelette. Das findet sie schicker.

Aber dann hat auf einmal der jüngste Enkel gefragt, warum es nie gekochte Eier gebe. Wie früher bei der Oma. Gekochte Eier mit einem Eierwärmer, das wäre cool.

Da mussten die erst einmal im Computer nachgucken, wie man Eier kocht. Und die Tochter wusste noch, dass irgendwo der Eierpiekser sein musste. Da stand ich auf einmal in der schicken, modernen Küche und alle wollten sehen, wie ein Eierpiekser gebaut ist. Einer nach dem anderen nahm mich in die Hand und fühlte meine feine Stechspitze. Und dann wollte mich jeder ausprobieren. Das war ein Trubel!

Aber es ist kein Ei kaputt gegangen. Weder beim Pieksen noch beim Kochen.

Da war ich stolz.

<u>Gesprächsfragen:</u>

o Wie war Ihr Sonntagsritual? Gab es bei Ihnen auch Eier? Wie wurden die gekocht? Essen Sie Ihr Ei lieber hart oder weich?

o Der Eierpiekser ist stolz, dass ihm kein Ei kaputt gegangen ist. Worauf sind Sie besonders stolz? Erzählen Sie!

3. <u>Vom Lebenstraum eines Maulwurfs</u>

<u>Hinführung:</u>

o Was fällt Ihnen ein, wenn Sie an Maulwürfe denken?

o Hatten Sie schon einmal mit Maulwürfen/Maulwurfshaufen zu tun? Oder Ihre Eltern oder Ihre Freunde? Erzählen Sie!

o In der Geschichte, die jetzt kommt, geht es um einen alten Maulwurf. Der hat aber ganz andere Wünsche, als man denkt.

Vom Lebenstraum eines Maulwurfs

Ein alter Maulwurf war unendlich traurig, denn er liebte Blumen. Zu seiner Enttäuschung hatte er jedoch seit seiner Kindheit keine Blume mehr gesehen.

Damals war er noch abenteuerlustig und leichtsinnig. Ohne nachzudenken hatte er sich weit vom heimatlichen Maulwurfsbau entfernt. Letztendlich hatte er sich entsetzlich verirrt.

In seiner Verzweiflung hatte er seinen Kopf aus einem Maulwurfshügel gesteckt und dabei ein Gänseblümchen entdeckt. Die unendliche Schönheit des Gänseblümchens hatte ihn völlig überwältigt. Wegen der Helligkeit der Sonne hatte er jedoch eilig unter die Erde zurückgemusst, denn Maulwürfe vertragen nur wenig Licht. Seitdem träumte er von der einzigartigen Schönheit eines Blumengartens.

Nun war er alt und gebrechlich. Nun wollte er sich seinen Traum endlich erfüllen. „Seid ihr so gütig und beschreibt mir den Weg zu einem Blumengarten?", fragte er zwei Mäuschen, denen er zufällig begegnete.

„In der Richtung da haben wir einen Blumenladen entdeckt", zeigte ein Mäuschen.

Da begann der Maulwurf unermüdlich zu graben. Mit Entsetzen entdeckten die Menschen in ihren Gärten einen schwärzlichen Hügel neben dem anderen.

Endlich kam der Maulwurf unter dem Blumenladen an. Seine Enttäuschung war jedoch groß, als er keine einzige Blume sehen konnte, denn der Boden unter dem Blumenladen war aus Beton und ganz und gar undurchdringlich.

Sein Herz versank in Traurigkeit und begann schrecklich zu hüpfen. Seit dem Anblick des Gänseblümchens hatte der Maulwurf jedoch die Fähigkeit, immer wieder neue Kraft zu schöpfen.

Mit unendlicher Mühe schaffte er es letztendlich zu seinem Maulwurfsbau zurück. Dort steckte er seinen Kopf aus seinem Maulwurfshaufen und entdeckte unendlich viele Blumen. Denn seit seiner Kindheit hatte er unter einem Blumenbeet gelebt.

<u>Gesprächsfragen:</u>

o Denken Sie, dass der alte Maulwurf nun glücklich ist? Erklären Sie das genauer!

o Was für Träume hatten sie als Kind?

o Haben sich diese Träume erfüllt?

o Haben Sie Träume? Mögen sie von Ihren Träumen erzählen?

4. <u>Die Gardinenschiene und der Vorhang</u>

<u>Hinführung:</u>

o Bringen Sie Gardinenröllchen mit und lassen Sie die untersuchen. Erinnern Sie sich gemeinsam, wofür man die benutzt. Fragen Sie: Hatten Sie Ihre Gardinen mit kleinen Rollen an einer Gardinenschiene? Oder hatten Sie Gardinenstangen und Gardinenringe?

o Wissen Sie noch, wie Ihre ersten Gardinen aussahen?

o Was für Gardinen hatten Sie in Ihrer

Kindheit? Wie waren die befestigt?

Die Gardinenschiene und der Vorhang

Eine Gardinenschiene war in die Jahre gekommen. „Du wirst aber auch jedes Jahr schwerer", beschwerte sie sich beim Vorhang.

„Und du wirst jedes Jahr steifer", schimpfte der Vorhang.

Dann schwiegen sie sich an. Irgendwann sagte die Gardinenschiene: „Ich habe es im Leben aber auch viel schwerer als du. Seit ich denken kann, muss ich dich schweren Vorhang aushalten. Das zieht und zerrt in meinen Gliedern. Du kannst dir gar nicht vorstellen, wie anstrengend das ist."

„Ist dir auch nur einmal der Gedanke gekommen, wie entsetzlich es ist, beim Auf- und Zuziehen immer wieder steckenzubleiben?", erwiderte der Vorhang. „Und wie schlecht ich mich fühle, wenn man deshalb meinen schönen Faltenwurf nicht sieht?"

Die Gardinenschiene schwieg. Sie musste ihre Kräfte schonen, denn an der linken Seite war ihre Befestigung locker.

Der Vorhang jedoch war so richtig in Fahrt gekommen. „Es denkt sowieso jeder, dass er mit mir machen kann, was er will. Du als Gardinenschiene bist schön weit weg von allem. Aber ich, der Vorhang, bin immer mittendrin. Die einen betatschen mich mit klebrigen oder fettigen Fingern, die anderen spritzen mich mit Körperlotion oder Parfüm voll, ohne auch nur eine Sekunde darüber nachzudenken, wie ich mich dabei fühle." Der Vorhang seufzte tief aus Mitleid mit sich selbst.

Die Gardinenschiene quietschte ein bisschen vor sich hin. Es blieb unklar, was sie damit meinte.

Da mischten sich die Gardinenrollen in den Streit ein. „Aber es war doch oft auch sehr lustig", sagten sie im Chor, denn sie waren sehr viele. „Denkt doch nur an die letzte Woche! Als das Urenkelkind die lange Perlenkette entdeckt und damit gespielt hat. Haben wir uns amüsiert! Als dann die Kette zerriss und die schimmernden Perlen in jede Ecke rollten. War das lustig! Und wie die ganze Familie auf Knien über den Boden krabbelte, um die Perlen wieder einzusammeln!" Die Gardinenrollen glucksten vor sich hin. Sie glucksten im Chor, denn sie hatten in ihrem langen Leben festgestellt, dass es ihnen besser ging, wenn sie alles gleichzeitig machten.

Die Gardinenschiene und der Vorhang schwiegen. Als die Gardinenrollen nach einer Stunde immer noch glucksten, wurde es dem Vorhang zu viel: „Nun seid doch endlich still!", schimpfte er. „Wir wollen schlafen!" Und die Gardinenschiene quietschte zustimmend.

- Der Vorhang klagt darüber, dass er immer mittendrin sei und niemand darauf achte, ob er klebrige oder ölige Finger habe. Er hat das Gefühl, dass man rücksichtslos mit ihm umgeht. Können Sie das nachvollziehen?

- Haben Sie auch manchmal das Gefühl gehabt, dass man Ihnen gegenüber rücksichtslos ist? Erzählen Sie!

- Die Gardinenrollen schauen in erster Linie darauf, was sie erleben. Was ist das schönste/lustigste Erlebnis, an das Sie sich erinnern?

5. <u>Vom weißen und vom grauen Schwan</u>

<u>Hinführung:</u>

o Mögen Sie Schwäne? Was gefällt Ihnen/gefällt Ihnen nicht an Schwänen?

o Haben Sie früher Schwäne gefüttert?/Füttern Sie Schwäne? Wie war/ist das für Sie?

o In der folgenden Geschichte geht es um Schwäne auf einem See. Hatten/haben Sie einen See, an dessen Ufer Sie spazieren gegangen sind beziehungsweise spazieren gehen? Erzählen Sie!

© Veronika Totzeck: Geschichten für Menschen, auch mit Demenz, Bd.1

<u>Vom weißen und vom grauen Schwan</u>

Ein Schwan schwamm auf einem See. Der blaue Himmel spiegelte sich im Wasser und der Schwan war sehr weiß. „Seht nur den schönen, weißen Schwan", sagten die Leute, die um den See spazierten.

Das hörte der Schwan und es machte ihn mächtig stolz. Sorgfältig putzte er auch die kleinste Feder und streckte seinen makellosen Hals weit nach vorn.

Eines Tages landete mit lautem Platsch ein grauer Schwan neben ihm. Das Wasser spritzte und Tropfen regneten auf sein schneeweißes Gefieder. Empört fing der weiße Schwan an zu zetern und zu schimpfen. Als er jedoch in die lachenden Augen des grauen Schwans sah, da musste auch er lachen. Und als der graue Schwan tauchte und sein Lachen in tanzenden Blasen an die Wasseroberfläche perlte, da erinnerte sich der weiße Schwan, dass auch er ein Wasservogel war. Nun stürzte sich auch der weiße Schwan kopfüber in die Tiefe. Lustig perlten die Luftblasen der beiden Schwäne und tanzten auf dem See. Als die Schwäne schließlich wiederauftauchten, da schüttelten sie sich und das Wasser spritzte.

„Was will denn der graue Schwan hier?", fragten die Leute und runzelten die Stirn. „Er ist so unendlich hässlich." Und stellten fest: „Der passt doch gar nicht zu unserem schönen, weißen Schwan."

Das hörten die beiden Schwäne, doch voreinander taten sie, als ob nichts wäre.

In seinem Kopf jedoch dachte der graue Schwan: „Ich bin ihm eine entsetzliche Schande. Ich spüre, wie er sich schämt."

Und der weiße Schwan dachte: „Er ist tatsächlich unendlich hässlich. Oh, wie ich mich schäme!"

Wenn sie jetzt gemeinsam tauchten, dann stiegen ihre Luftblasen freudlos nach oben wie aus einem kaputten Fahrradschlauch.

Eines Morgens, als der weiße Schwan aufwachte und seine makellosen Schwingen streckte, da war der graue Schwan nicht mehr da. Da war auf einmal auch sonst ganz viel nicht mehr da. Unzählige Klitzekleinigkeiten, von denen der weiße Schwan nie gedacht hätte, dass sie ihm je fehlen könnten.

Traurig und teilnahmslos ließ sich der weiße Schwan nun auf dem glitzernden Wasser treiben und schon bald stellten die Leute fest: „Unser schöner, weißer Schwan ist ja ganz grau geworden. Unser schöner, weißer Schwan ist ja gar nicht mehr schön."

Und sie erinnerten sich, wie fröhlich der weiße und der graue Schwan gemeinsam gewesen waren. Wie lustig es war, den beiden zuzuschauen und sie nahmen dem grauen Schwan sehr übel, fortgeflogen zu sein.

Schon bald aber hatten die Leute, die um den See spazierten, neue Themen. Als eines Tages im Spätsommer auch der weiße Schwan fehlte, vermisste ihn kaum noch jemand. Nur der Wind streichelte einsam

über das Wasser und langweilte sich.

<u>Gesprächsfragen:</u>

o Was denken Sie, warum der weiße Schwan am Ende nicht mehr da ist?

o Können Sie nachvollziehen, warum der graue Schwan fortgeflogen ist?

o Gibt es in Ihrem Leben Menschen, die Ihnen verloren gegangen sind, obwohl Sie das eigentlich gar nicht wollten? Erzählen Sie!

6. <u>Gedanken einer Stopfnadel</u>

<u>Hinführung:</u>

o Bringen Sie eine Stopfnadel und eine Sticknadel mit. Vergleichen Sie die beiden Nadeln. Beide haben große Ösen, doch die Stopfnadel hat eine stumpfe Spitze, während die Spitze der Sticknadel spitz ist.

o Es gibt auch Sticknadeln mit stumpfer Spitze. Mit begeisterten Stickerinnen können Sie den Unterschied thematisieren und erinnern lassen, für welchen Stoff man Sticknadeln mit stumpfer Spitze verwendet, nämlich Aida-Stoff.

o Haben Sie früher Strümpfe gestopft?

o Wie war es für Sie, zu stopfen? Haben Sie es gerne gemacht? War es eine lästige Pflicht? Erzählen Sie!

o Wo in der Wohnung/im Haus waren Ihre Stopfsachen untergebracht? Hatten Sie einen Korb oder einen eigenen Kasten dafür? Wie sah der aus? Was war da alles drin?

Gedanken einer Stopfnadel

Eigentlich bin ich ja noch gut in Schuss. Kerzengerade, blitzblank und mit sauberer Öse. Da ist nichts verstopft, absolut gar nichts, ganz anders als bei der Sticknadel neben mir. Die sollten Sie einmal sehen! Vor einem Jahr hat die Enkelin die Sticknadel nämlich ausgeliehen, um mit ihrem neuen Freund zu kochen. Die Sticknadel hat sie mitgenommen, um zusammengeklappte Schnitzel wie eine Tasche zusammenzunähen. Die Sticknadel war entsetzt, doch was sollte sie tun?

So geht das manchmal im Leben. Da ist man dafür gemacht, buntes Garn zu schönen Blüten zu formen, und dann landet man ungefragt im Schnitzelfleisch.

Die Sticknadel hat sich bis heute nicht davon erholt. Allein wie die riecht! Und die Öse total verstopft.

Nein, da geht es mir besser. Früher, als es noch üblich war, Strümpfe zu stopfen, hatte ich natürlich viel zu tun. Die Strümpfe rochen zwar nicht immer wirklich gut, aber es war trotzdem eine schöne Zeit.

Und jetzt ist auf einmal die Enkelin gekommen, um sich von ihrer Oma zeigen zu lassen, wie man Strümpfe stopft. Dann hat mich die Enkelin sogar mit in die Schule genommen. Die Schüler sollten lernen, nicht mehr so viel wegzuwerfen, und die Enkelin hat den anderen Schülern gezeigt, wie man ein Loch in einem Strumpf stopft. Da war ich auf einmal wichtig und modern. Alle haben zugeguckt und gestaunt.

Das war ein schönes Gefühl. Das kenne ich sonst nicht, ich bin ja nur eine einfache Stopfnadel.

Gesprächsfragen:

o Heute werfen viele die Strümpfe schon weg, sobald sich ein kleines Loch zeigt. Wie finden Sie das?

o Die Stopfnadel empfindet beim Stopfen ein schönes Gefühl. Wobei haben Sie besonders schöne Gefühle gehabt? War das bei der Arbeit? Oder bei einem Hobby? Oder mit der Familie? Erzählen Sie!

7. **Ein kleiner Frosch will mehr**

Hinführung:

o In dieser Geschichte geht es um einen kleinen Frosch. Was fällt Ihnen ein, wenn Sie an Frösche denken?

o Bei YouTube gibt es schöne Kurzfilme von quakenden Fröschen im Teich, die man auf dem Laptop vorführen kann und die zeigen, wie unbeschreiblich laut ein solches Quaken ist.

o Früher wurden manchmal ein paar Kaulquappen eingesammelt, um zu beobachten, wie sich aus einer

Kaulquappe ein Frosch entwickelt. Haben Sie die Entwicklung von der Kaulquappe zum Frosch einmal beobachtet? Oder Ihren Kindern oder Enkeln gezeigt? Erzählen Sie!

Ein kleiner Frosch will mehr

Ein kleiner Frosch hockte auf einem Seerosenblatt und dachte: „Ich will mehr sein als ein kleiner Frosch in einem kleinen Teich. Ich kann Fliegen fangen wie ein großer Frosch. Ich kann hüpfen wie ein großer Frosch. Und vor allem kann ich quaken wie ein großer Frosch." Zur Probe pumpte er sich mächtig auf und quakte so laut, dass sich die Libellen die Ohren zuhielten.

Doch es änderte sich nichts.

An einem dunklen Regentag fand er, dass es jetzt an der Zeit sei. Er schnappte sich schnell noch ein paar dicke, fette Fliegen, trank ein letztes Mal von dem grünlichen Teichwasser und hüpfte los.

Am Abend kam er am Ufer eines großen Teiches an. Überall hockten Frösche und quakten, was das Zeug hielt. „Endlich", dachte der kleine Frosch, „endlich kann ich zeigen, wie toll ich quaken kann." Er holte ganz tief Luft, pumpte sich mächtig auf und quakte so laut, wie er in seinem Leben noch nicht gequakt hatte.

Doch im ohrenbetäubenden Quaken all der unendlich vielen Frösche ging sein Quaken unter wie eine Nussschale im Meer. Wieder und wieder blähte sich der kleine Frosch gewaltig auf, doch es war jedes Mal das Gleiche: Niemand hörte ihn. Niemand bemerkte, dass es ihn gab.

Ausgelaugt hockte der kleine Frosch am nächsten Morgen auf einer Wasserlilie und wollte nur noch fort. Doch wohin sollte er hüpfen? Jetzt, nachdem er allen gesagt hatte, dass er nur in einem großen Teich glücklich sein könne!

Traurig senkte er sein Haupt. Zuhause, am kleinen Teich, verbreiteten schon am frühen Morgen die rosa Teichrosen ihren süßen Duft. Wenn im Sommer die Sonne hoch am Himmel stand, dann roch es würzig nach dem Schilf am Ufer. Und wenn der Regen von den Zweigen der Weide tropfte, dann roch es herb und frisch zugleich.

Am großen Teich dagegen roch die Luft abgestanden und modrig. Niedergeschlagen hockte der kleine Frosch auf seiner Wasserlilie und horchte inbrünstig auf sein heftig rumpelndes Herz, als eine kleine, freche Libelle so nah um ihn herumflog, dass ihre Flügelspitzen seine Haut kitzelten. Schlapp versuchte der kleine Frosch nach der Libelle zu schnappen, doch da war sie schon längst weit fort in die schillernde Unendlichkeit. „Mach dir nichts draus",

sagte auf einmal eine Stimme neben ihm.
„Die ärgert uns alle."

Als der kleine Frosch hochschaute, da sah er in die wunderschön glänzenden Augen eines zierlichen Froschmädchens. Und ein Duft war da! Ganz neu und aufregend. Augenblicklich wandte sich der kleine Frosch dem Froschmädchen zu und vergaß in seiner Aufregung sogar, sich aufzublasen und zu zeigen, wie absolut perfekt er quaken konnte.

<u>Gesprächsfragen:</u>

o Der kleine Frosch erinnert sich an die Gerüche des kleinen Teiches. An was für Gerüche erinnern Sie sich? Wonach roch es in Ihrem Elternhaus? Bei Ihren Großeltern?

o Falls die Gegend der Kindheit verlassen wurde: Wie war es für Sie in der Fremde? Was war besonders fremd und seltsam für Sie?

o Wie sind Sie heimisch geworden?

8. <u>Das Leben eines Teppichrollers</u>

<u>Hinführung:</u>

o Wissen Sie, was ein Teppichroller/ Teppichkehrer macht? (Teppichroller/ Teppichkehrer werden immer noch verkauft. Eventuell können Sie der Erinnerung mit einem Bild aus dem Internet auf die Beine helfen.)

o Gab es/gibt es in Ihrem Haushalt einen Teppichroller? Oder haben Sie in anderen Haushalten erlebt, wie ein Teppichroller zum Einsatz kam?

Das Leben eines Teppichrollers

Als wir frisch hergestellt waren, da haben wir uns natürlich Gedanken über unsere Zukunft gemacht. Wir waren 50 nagelneue Teppichroller, allesamt rot lackiert und warteten darauf, endlich in ein Geschäft ausgeliefert zu werden und unser Leben zu beginnen.

Obwohl wir von nichts eine Ahnung hatten, gab es doch Gerüchte, was unsere Aufgabe sein würde. Wir würden Krümel aufrollen müssen, behauptete ein Teppichroller, der einmal bei einem Test zugeschaut hatte. Große und kleine Krümel. Und es sei sehr wichtig, dass wir auch wirklich alle Krümel aufrollen würden.

Da spürten wir alle unsere Kehrbürsten und uns war ein bisschen beklommen zumute, denn wir waren unsicher, ob wir dieser Aufgabe auch tatsächlich gewachsen sein würden.

Schokoladenkekskrümel und frische Brötchenkrümel seien besonders lecker, hatte ein anderer Teppichroller gehört. Aber Krümel mit frischer Butter oder Leberwurst seien nicht so gut. Die Butter und die Leberwurst würden sich nämlich in unseren Bürsten festsetzen und verschmieren.

Als ich gekauft wurde und in den Besenschrank einzog, hatte ich deshalb große Angst vor Butter und Leberwurst.

Die ersten Krümel, die ich aufkehren musste, waren dann aber Krümel von Marmorkuchen. Marmorkuchen gab es ziemlich oft, und die Krümel schmeckten mir immer gut. Nicht ganz so gerne mochte ich die Krümel von Salzstangen, vor allem, wenn zu viel Salz daran war. Zwieback mochte ich gar nicht, aber den gab es zum Glück nicht so oft. Die Zwiebackkrümel waren auch immer besonders schwer aufzukehren. Die zerplatzen oft schnell zu unendlich feinem Staub.

Besonders schön war immer die Weihnachtszeit. Lebkuchenkrümel und Spekulatiuskrümel, Krümel mit Nüssen und Gewürzen, das hat mir immer geschmeckt.

Und dann gibt es im Leben natürlich auch Herausforderungen, auf die man nicht vorbereitet ist. Haare zum Beispiel. Je länger ein Haar ist, desto schwieriger wird es für uns Teppichroller. Ich habe immer versucht, Haare an den Borsten vorbei direkt um die Rolle zu wickeln, damit meine Bürstenrolle auch weiterhin funktioniert. Das war aber nicht immer einfach.

Im Laufe der Zeit wurden es aber zum Glück immer weniger Haare, die auf dem Teppich herumlagen. Das fand ich praktisch, gerade weil ich ja auch schon älter war und mir gerade das Aufwickeln von Haaren immer schwerer fiel.

<u>Gesprächsfragen:</u>

o Der Teppichroller hat Marmorkuchen gerne gemocht. Hat es auch bei Ihnen auch Marmorkuchen gegeben? Wer hat den gebacken? Oder wurde der Kuchen gekauft?

o Falls Sie den Marmorkuchen selbst gebacken haben: Wissen Sie noch, wie man einen Marmorkuchen backt? Wie haben Sie die Marmorierung hingekriegt?

o Der Teppichroller hat die Krümel zur Weihnachtszeit immer besonders gerne gemocht. Wissen Sie noch, was für Krümel er genannt hat?

o Was für Weihnachtsgebäck mögen Sie besonders gern? Wurde es/Haben Sie es selbst gebacken? Erzählen Sie!

o Der Teppichroller fand es schwierig, lange Haare aufzurollen. Was für Arbeiten fanden Sie in Ihrem Leben besonders schwierig?

9. <u>Ein unentschlossenes Reh</u>

<u>Hinführung:</u>

o In dieser Geschichte geht es um ein Reh. Waren Sie mit Ihren Kindern oder Enkeln einmal in einem Wildgehege/Tierpark und haben dort Rehe gesehen? Erzählen Sie davon!

o Was für Eigenschaften verbinden Sie mit Rehen?

o Das Reh in dieser Geschichte ist sehr unsicher. Finden Sie, dass das passt? Warum/Warum nicht?

Ein unentschlossenes Reh

Ein unentschlossenes Reh überlegte, ob es mit der Bahn in eine weit entfernte Stadt fahren sollte, denn es hatte gehört, dass die Stadt sehr schön sei. Noch in der Schlange vor dem Fahrkartenschalter war es unsicher. Als das Reh dann an der Reihe war, saß am Schalter eine gemächlich wiederkäuende Kuh und verbreitete übelriechende Gase.

Wenn das Reh sich nicht so gefürchtet hätte, wäre es augenblicklich nach Hause gelaufen. Doch es fürchtete sich. Es fürchtete sich vor der Kuh und es fürchtete sich vor den

Gedanken der anderen. Es kaufte die Fahrkarte.

Als das Reh dann in der Bahn hockte, war es unsicher, ob es die Fahrkarte entwerten musste. Unentwegt wälzte es das Problem hin und her.

Erst als der Schaffner die Fahrkarte entwertet hatte, konnte das Reh entspannt aus dem Fenster schauen. Es entdeckte aber nur gleichförmige Häuser und war enttäuscht über langweilige Gärten.

Als das Reh aus dem Zug stieg, schlug ihm auch noch die stickige Luft der Stadt entgegen. Enttäuscht entschloss es sich, sofort zurückzufahren.

Auf der Rückfahrt schaute es auf der anderen Seite aus dem Fenster. Es sah eine schöne Kirche und einen Park voller Blumen. Nun war es traurig, gleich wieder zurückgefahren zu sein.

<u>Gesprächsfragen:</u>

o Können Sie sich vorstellen, dass das Reh es schaffen wird, sich noch einmal auf den Weg in die Stadt zu machen, dort in den Park zu gehen und sich die Kirche anzusehen? Würden Sie dem Reh raten, sich noch einmal auf den Weg zu machen?

o Kennen Sie solche Unsicherheiten von anderen oder von sich selbst?

o Wie sind Sie mit solchen Unsicherheiten umgegangen? Wie gehen Sie jetzt mit solchen Unsicherheiten um?

10. Erinnerungen einer alten Bohrmaschine

<u>Hinführung:</u>

o Eine Bohrmaschine werden Sie in der Regel nicht mitbringen können, einen Bohrer aber schon. Lassen Sie ihn betasten und die Spiralform fühlen. Besprechen sie, warum diese Form günstig ist.

o Erinnern Sie sich noch an Ihre erste Bohrmaschine? Was konnte die alles? Wo kam die zum Einsatz?

o Haben Sie später noch eine neue Bohrmaschine gekauft? Warum? Was war an der neuen Bohrmaschine besser? Was haben Sie dann mit der alten Bohrmaschine gemacht?

Erinnerungen einer alten Bohrmaschine

Als ich noch jung war, da ging es bei mir ganz schön rund. Da habe ich vielleicht geschuftet! Gleich am ersten Tag musste ich ein Loch bohren, um den Garderobenspiegel anzuhängen. Das war mein allererstes Loch. Es wurde ein bisschen schief, weil wir das Bohren miteinander erst lernen mussten, aber ich finde, für ein allererstes Loch war es gar nicht so schlecht.

Der Garderobenspiegel sollte eine Überraschung sein, aber sie ist nicht so recht gelungen. Der Mann hatte nämlich überlegt, dass seine Frau kleiner war als er und den

© Veronika Totzeck: Geschichten für Menschen, auch mit Demenz, Bd.1

Spiegel extra etwas niedriger gehängt. Sie allerdings war beleidigt. So winzig sei sie nicht, schrie sie entsetzt und bestand darauf, dass der Spiegel höher gehängt wurde.

Da durften wir gleich noch einmal ein Loch bohren. Unter uns gesagt denke ich, dass das erste Loch genau richtig war. Aber wir haben daraus gelernt, der Mann und ich. Deshalb haben wir die Löcher für die Garderobe ganz normal hoch gebohrt. Auch wenn die Frau sich deshalb immer ein bisschen recken musste, um ihren Mantel aufzuhängen.

An die beiden Löcher für den Garderobenspiegel denke ich am häufigsten.

Aber auch das Loch für das Mobile über dem Wickeltisch im Kinderzimmer ist etwas, was ich nie vergessen habe. Und die Löcher für das Hängeregal, auf dem die ersten kleinen Schätze des Kindes wohnten. Die waren auch etwas Besonderes. Denn mich hat immer interessiert, was aus den Löchern geworden ist, die ich gebohrt habe.

Als wir umgezogen sind, ist es mir schwergefallen, all die gebohrten Löcher zurückzulassen. Da war mir regelrecht wehmütig zumute, obwohl ich zu tun hatte wie noch nie und die Kinder wuselten und sogar noch ein Hund um die Umzugskisten rannte.

Der Hund mochte mich leider nicht. Der hat immer wie verrückt gebellt, wenn ich zum Einsatz kam. Dabei habe ich Löcher gebohrt, um das Regal an der Wand befestigen, in dem sein Hundefutter aufbewahrt wurde. Denn das Regal sollte nicht auf den Hund fallen, wenn der total wild versuchte, daran hochzuspringen.

Ich fand immer, dass der Hund dankbarer sein könnte, aber er hat sein Verhalten nie geändert. Bis zum Schluss hat er gebellt, was das Zeug hielt, sobald er mich nur sah.

Inzwischen fehlt mir sein Gebell. Fast ist es,

als hätte ich einen Freund verloren.

<u>Gesprächsfragen:</u>

o Der Bohrmaschine fällt es beim Umzug schwer, ihre gebohrten Löcher zurückzulassen. Gibt es etwas, was sie einmal in Ihrem Leben zurücklassen mussten und was Ihnen schwergefallen ist? Wie ist das jetzt für sie?

o Die Bohrmaschine vermisst das Bellen des Hundes. Gibt es etwas in Ihrem Leben, von dem Sie im Nachhinein sagen, dass es schön war und dass Sie es jetzt vermissen? Oder Menschen, bei denen Ihnen erst später aufgefallen ist, wie wichtig diese Menschen für Sie und Ihr

Leben waren?

11. <u>Zwei Schnecken machen sich auf den Weg</u>

<u>Hinführung:</u>

o Bringen Sie ein Schneckenhaus mit und lassen es betasten. Was für Erinnerungen weckt es?

o Haben Sie als Kind Schneckenhäuser gesammelt? Wann und wo? Was haben Sie dann mit den Schneckenhäusern gemacht?

o Wenn man sich ein Schneckenhaus ans Ohr hält, hört man ein Rauschen. Erinnern Sie sich, sich einmal ein Schneckenhaus ans Ohr gehalten und so ein Rauschen gehört zu haben?

<u>Zur Information:</u> Man kann tatsächlich ein Rauschen hören. Dieses Rauschen ist aber kein Meeresrauschen. Es ist auch nicht das Rauschen des eigenen Blutes. Ein Schneckenhaus funktioniert vielmehr ein bisschen wie ein Lautsprecher. Leise, kaum wahrnehmbare Geräusche aus der Umwelt, zum Beispiel ein Windhauch, werden in einem Schneckenhaus hörbar.

Zwei Schnecken machen sich auf den Weg

Zwei Schnecken hatten schon seit Ewigkeiten unter einem Haselnussstrauch gelebt. Dann fassten sie mutig den Entschluss, sich endlich von dem Haselnussstrauch zu entfernen und neue Gegenden zu entdecken.

Fröhlich machten sie sich auf den Weg. Doch der Weg war sandig und steinig. Dazu brannte die Sonne seit dem frühen Morgen ganz unbarmherzig. Schon bald begannen die Schnecken mächtig zu schwitzen. Sie beschlossen jedoch, sich nicht entmutigen zu lassen.

„Der Platz sollte schattig und ruhig sein", überlegte die eine Schnecke.

„Aber wenn der Platz zu ruhig ist, könnte es dort sehr langweilig sein", entgegnete die andere Schnecke. „Und Langeweile ist unausstehlich."

Das hörten zwei Schmetterlinge, die lustig flatterten. „Ihr seid doch selbst unendlich langweilig", ärgerten die Schmetterlinge die Schnecken. „Und schleimig und ekelig und einen Endspurt schafft ihr auch nicht!"

„Und ihr seid hässliche Raupen gewesen, die stumpfsinnig Grünzeug fressen. Eure Gehirne sind immer noch so schwachsinnig wie bei einer Raupe! Ihr seid nur oberflächlich schön. Wir dagegen besitzen eine innere Schönheit. Wenn Schönheit innerlich ist, dann ist sie beständig und unvergänglich."

Die Schmetterlinge waren enttäuscht, denn sie hatten erwartet, endlos bewundert zu werden. Hochmütig flatterten sie der Sonne entgegen und verbrannten sich die Flügel.

Die Schnecken dagegen krochen unermüdlich weiter. Als sie endlich eine Reihe mit Schnittsalat entdeckten, waren sie reichlich entkräftet. Hastig erfrischten sie sich an den Blättern, die saftig und knackig waren, und verschluckten sich augenblicklich.

„Ihr seid wirklich unersättlich", stellten da zwei kleine Schnecken fest, die sich heimlich hinter einem Salatblatt versteckt hatten. „Willkommen in der Unendlichkeit der Salatblätter!"

Da beschlossen die beiden Schnecken, sich dort häuslich einzurichten. Denn so witzig waren sie noch an keinem Ort empfangen worden.

Seitdem leben sie glücklich bei den Salatblättern und haben unendlich viel zu essen und zu lachen.

<u>Gesprächsfragen:</u>

o Was waren für Sie die wichtigsten Gründe,
um in Ihr Haus/Ihre Wohnung zu ziehen?

o Wie wichtig waren Ihre Nachbarn? Was
haben Sie gemeinsam mit Ihren Nachbarn
erlebt?

12. <u>Das Nudelholz weiß mehr, als man denkt</u>

<u>Hinführung:</u>

o Bringen Sie ein Nudelholz mit. Es gibt auch kleine für Kinder. Lassen Sie es betasten und fragen Sie: Wie sagen Sie dazu? Nudelholz? Teigrolle? Rollholz? Teigwalze? Oder kennen Sie noch einen anderen Ausdruck? – Wenn möglich, verwenden Sie im Folgenden den genannten Ausdruck!

o Wofür haben Sie das Nudelholz benutzt? Kam es regelmäßig zum Einsatz?

Das Nudelholz weiß mehr, als man denkt

Ich bin immer die Erste gewesen, die gemerkt hat, wenn etwas nicht stimmte. Wenn im Teig zu viel Fett oder zu viel Milch oder Wasser war und alles kleben blieb. Mich konnte niemand täuschen!

Ich habe sogar gespürt, ob jemand Freude am Backen hatte oder Angst vor der Schwiegermutter oder Mutter, denn dann waren die Hände feucht und verzagt. Dann war ich auch selber ängstlich, so dass ich den Teig ganz uneben gerollt habe, obwohl ich doch eigentlich ganz glatt und gleichmäßig gebaut bin.

Aber ich erinnere mich sowieso viel lieber an das, was geklappt hat. Den Haselnusskranz zum Beispiel. Der Haselnusskranz war der erste Kuchenteig, den ich ausrollen durfte. Wir waren beide ein bisschen aufgeregt, aber der Teig war wunderbar weich und glatt und roch herrlich nach Vanille.

Auch Zimtsterne mochte ich immer gerne. Die waren auch nicht so schwer zu rollen, weil der Teig etwas dicker sein durfte.

Spekulatius dagegen waren schwieriger. Ich mochte ihren würzigen Duft, aber wir mussten immer sehr aufpassen, dass der Teig nicht zu warm wurde und doch noch zu kleben begann. Meistens haben wir das jedoch gut hingekriegt. Auch den Deckel für den gedeckten Apfelkuchen habe ich oft ausgerollt. Auch bei dem musste ich immer sehr sorgfältig sein.

Wenn dann die Backbleche aus dem Ofen kamen und sich der warme Geruch von Plätzchen oder Kuchen in der Küche verteilte, dann war ich immer glücklich. Dann hat sich alles richtig angefühlt.

Jetzt rolle ich manchmal Teige aus, die ganz anders sind, als ich das von früher her kenne. Gestern waren Chili und Käse darin. Der Teig war ganz scharf. Da habe ich mich ein bisschen nach dem Haselnusskranz gesehnt.

Der bleibt mir einfach der allerliebste.

<u>Gesprächsfragen:</u>

o Was haben Sie/hat Ihre Frau besonders gerne gebacken? Zählen Sie auf!

o Was für Gebäck mögen Sie besonders gerne?

o Was alles hat in Ihrem Leben gut geklappt? Was ist Ihnen in Ihrem Leben gut gelungen? Erzählen Sie!

<u>Gesprächsfragen:</u>

13. <u>Eine Schildkröte sucht Anschluss</u>

<u>Hinführung:</u>

o In dieser Geschichte geht es um eine Schildkröte und einen Igel.

o Schildkröten werden auch als Haustiere gehalten. Kennen Sie eine Familie, die Schildkröten hat? Oder haben Sie selber Schildkröten gehabt?

o Igel halten im Winter einen Winterschlaf (in einem Laubhaufen). Was wissen Sie darüber?

o Schildkröten fallen im Winter in Winterstarre, das heißt, sie werden kühl, essen nicht mehr und bewegen sich nicht mehr. Sie brauchen dafür eine kühle Umgebung. Viele Familien, die Schildkröten haben, tun die Schildkröten im Winter in einen Kühlschrank. Wie finden Sie das? Oder haben Sie auch selber Schildkröten überwintert?

Eine Schildkröte sucht Anschluss

Ein alter Igel hatte einen Apfel gefunden und transportierte ihn mühselig in sein Igelhaus, als er eine Schildkröte traf. „Komm, ich helfe dir", sagte die Schildkröte und begann den Apfel mit ihren runzeligen Pfoten vor sich her zu rollen. Im Igelhaus buk die Schildkröte mit dem Apfel einen leckeren Apfelkuchen.

Da freute sich der alte Igel und wackelte mit seinen spitzen Stacheln.

Als am Abend der Igelsohn vorbeikam, war die Schildkröte noch da. Sie trank mit dem alten Igel Apfelwein, fühlte sich wichtig und gebraucht und wackelte mit ihrem Panzer.

Der alte Igel aß von dem Apfelkuchen und wackelte mit seinen spitzen Stacheln. Da freute sich der Igelsohn und wackelte mit seiner Schnauze.

Als der Igelsohn die Woche darauf seinen Vater besuchte und wie immer Holz hacken wollte, war das Holz bereits gehackt.

„Die Schildkröte hilft mir", sagte der alte Igel. „Ich wüsste nicht, was ich ohne sie täte."

„Es ist ihm lieber, dass die Schildkröte das Holz hackt", dachte der Igelsohn. Er war ein bisschen traurig, doch er sagte nichts.

Die Schildkröte ihrerseits war ein bisschen beleidigt, weil der Igelsohn nichts sagte. „Er könnte dankbarer sein, dass ich seine Aufgaben erledige", dachte die Schildkröte.

Und der alte Igel dachte: „Mein Sohn hat viel zu tun und kann nicht jeden Tag hier sein. Ich wüsste nicht, was ich ohne die Schildkröte täte."

Kurz vor dem Winter nahm die Arbeit zu. Die Schildkröte fühlte sich wichtig und gebraucht, doch sie hätte gerngehabt, dass der Igelsohn ihr Arbeit abnimmt. Sie trug jetzt das Armband seiner Mutter.

Der Igelsohn sah das Armband und schwieg.

„Es ist meinem Vater lieber, dass die Schildkröte alles macht", dachte er und zog sich zurück.

Und der alte Igel dachte: „Mein Sohn hat viel zu tun. Ich wüsste nicht, was ich ohne die Schildkröte täte."

Dann kam die Zeit für den Winterschlaf und alle wurden ganz und gar stumm.

- o Was hätten Sie anstelle des alten Igels gemacht? Hätten Sie mit dem Sohn geredet? Was hätten Sie gesagt?

- o Der Sohn schweigt zu allem. Verstehen Sie das Verhalten des Sohnes?

- o Wie läuft das in Ihrer Familie? Gibt es Dinge, über die niemand spricht?

14. <u>Eine vergessene Heckenschere</u>

<u>Hinführung:</u>

o Eine Heckenschere werden Sie in der Regel nicht mitbringen können. Nehmen Sie stattdessen eine große Schere und lassen Sie damit Bewegungen wie zum Heckenschneiden machen bzw. machen Sie diese Bewegungen gemeinsam!

o Erinnern Sie sich noch an die Zeit, als man noch keine elektrischen Heckenscheren hatte, sondern nur mechanische?

o Haben Sie Hecken oder Sträucher mit einer mechanischen Heckenschere geschnitten? Wie war das?

o Hatten/haben Sie auch eine elektrische Heckenschere? Was sind für Sie die Vorteile einer elektrischen Heckenschere?

o Gibt es Ihrer Meinung nach Hecken oder Sträucher, die sich besser mit einer mechanischen Heckenschere schneiden lassen?

Eine vergessene Heckenschere

Plötzlich ging die Tür des Schuppens auf und mehrere Leute schauten sich suchend um. Ich hing wie immer versteckt in der hintersten Ecke. Vor mir lehnte der alte Spindelrasenmäher.

So ist das eben. Die Leute haben einen Rasenroboter und gehen ins Fitnessstudio, während der Rasenroboter ihren Rasen mäht, denn der Spindelrasenmäher ist ihnen zu anstrengend. Und sie stemmen lieber Hanteln, als dass sie mit einer mechanischen Schere wie mir ihre Hecken schneiden.

Das ist zwar unlogisch, aber ich hatte mich damit abgefunden.

Doch an jenem Tag hieß es auf einmal: „Da ist sie ja!", und ich wurde ohne jede Vorwarnung ans Tageslicht gezerrt.

Dort blinzelte ich in der hellen Sonne und schämte mich ein bisschen, denn ich war rostig und verstaubt. Wie das eben ist, wenn man über zwanzig Jahre nur an der Wand gehangen hat.

„Die kriegen wir wieder hin", hieß es jedoch zuversichtlich. Und dann wurde ich geputzt und poliert und geschliffen und geölt, bis ich mich selbst kaum wiedererkannte.

Schließlich band jemand um meine roten Griffe dicke, weiße Schleifen und legte mich in eine mit weißem Papier ausgeschlagene Schachtel.

Als sich der Deckel wieder öffnete, waren da ganz viele Leute und lachten.

„Das meint ihr nicht ernst", sage ein junger Mann in einem sehr feinen, dunklen Anzug. Dann nahm er mich vorsichtig in die Hand. Seine Hände schwitzten und ich merkte, dass er noch unsicherer war als ich.

Vor mir und dem jungen Mann in dem dunklen Anzug stand ein sehr grüner Busch in einem Topf. Der Busch war rund wie ein Ball. Kein Zweig ragte aus ihm heraus.

Ich war ein wenig ratlos. Denn es war ja wohl so gedacht, dass ich diesen bereits absolut perfekt geschnittenen Busch noch einmal schneiden sollte.

Der junge Mann schien genauso ratlos zu sein. Seine Hände schwitzten so sehr, dass meine Griffe klebrig wurden.

Dann, endlich, setzte er mich an, und wir schnitten mitten in den Busch eine tiefe Kerbe.

Augenblicklich jubelten und klatschten alle um uns herum und eine junge Frau in einem sehr schönen, weißen Kleid fiel dem jungen Mann um den Hals.

Ich jedoch betrachtete den runden Busch, der jetzt eine tiefe Kerbe in der Mitte hatte, und blieb ratlos, während um mich herum ein Trubel war, wie ich ihn noch nie erlebt hatte.

<u>Gesprächsfragen:</u>

o Welche Form hat der Busch jetzt? Finden Sie, dass er schon fertig geschnitten ist? Wo würden Sie noch weiter schneiden? Was ist mit den Seiten eines Herzens, dürfen die ganz rund sein?

o Wie war Ihre Hochzeit? Mussten Sie auch Aufgaben bewältigen?

o Wie war das auf der Hochzeit Ihrer Kinder/Enkel/Neffen/Nichten? Erzählen Sie!

o Die Heckenschere versteht nicht, warum die Menschen heutzutage ins Fitnessstudio gehen, statt die Hecke mit einer ganz gewöhnlichen Heckenschere

zu schneiden und so Muskeln aufzubauen.

Wie sehen Sie das?

15. <u>Vom Eichhörnchen, das fliegen will</u>

<u>Hinführung:</u>

- Mögen Sie Eichhörnchen?

- Wissen Sie noch, wann Sie das letzte Mal ein Eichhörnchen gesehen haben? Was hat es da gemacht?

Vom Eichhörnchen, das fliegen will

Ein Eichhörnchen beschloss, fliegen zu lernen. Es raste die Buche hoch, peilte die Eiche an, nahm ganz viel Anlauf und streckte Arme und Beine weit aus. Der Fahrtwind zauste sein Fell und es dachte: „Jetzt fliege ich.“

Sobald es auf der Eiche gelandet war, raste es weiter hoch bis ganz in den Gipfel. Dabei rempelte es einen Specht an, der mit seinem Schnabel gemächlich gegen den Stamm klopfte und dadurch augenblicklich aus dem Takt geriet.

Kopfschüttelnd sah der Specht dem eiligen Eichhörnchen nach. „Die nehmen heutzutage auch wirklich gar keine Rücksicht mehr", grummelte er und versuchte, sich wieder auf sein Klopfen zu konzentrieren.

Das Eichhörnchen jedoch platzte beinahe vor Stolz über sich selbst. Es war geflogen, und gleich würde es noch viel weiter fliegen! In einiger Entfernung sah es einen Ahorn, dessen Äste weit in den Himmel ragten. Dorthin wollte es schon immer, dorthin würde es jetzt fliegen. Das Eichhörnchen kniff seine Augen ein wenig zusammen, um die Entfernung abzuschätzen. Dann nahm es Anlauf und flog los.

Der Specht sah, wohin das Eichhörnchen springen wollte, und hielt sich die Flügel vor seine Augen.

Das Eichhörnchen indes folg. Es flog und flog und landete irgendwann mit einem Purzelbaum am Fuße des Ahorns.

Als der Specht sich traute wieder hinzugucken, hockte das Eichhörnchen seelenruhig auf einem Ast und knabberte Ahornsamen. Der Specht rieb sich die Augen. Er brauchte lange, bis er wieder in gleichmäßigem Takt klopfen konnte.

Das Eichhörnchen indes war zufrieden. Es war ganz weit geflogen, so weit wie noch nie. Sein kleines Herz strahlte stolzgeschwellt. Außerdem hatte es schon lange keine Ahornsamen mehr gefuttert.

<u>Gesprächsfragen:</u>

o Das Eichhörnchen ist davon überzeugt, dass es geflogen ist. Wie sehen Sie das?

o Warum hält der Specht die Augen zu, als das Eichhörnchen losspringt? Gab es Situationen, bei denen Sie sich die Augen zugehalten haben?

o Kennen Sie Menschen, die fest davon überzeugt sind, dass sie etwas können, was ihnen tatsächlich noch nie wirklich gelungen ist? Erzählen Sie! Wie haben Sie sich diesen Menschen gegenüber verhalten?

16. Leben ohne Alltag: Ein Paar Manschettenknöpfe berichtet

Hinführung:

o Wenn möglich, bringen Sie Manschettenknöpfe mit und fragen Sie, wofür man die verwendet.

o Hatten Sie/hatte Ihr Mann Manschetten-knöpfe? Oder Ihr Vater? Gibt es die noch? Wie sahen/sehen die aus?

o Zu welchen Gelegenheiten wurden die Manschettenknöpfe getragen?

Leben ohne Alltag: Ein Paar Manschettenknöpfe berichtet

Als wir hergestellt und verkauft wurden, da war es wichtig, dass wir zeitlos sind. Und das sind wir. Zeitlos. Viereckige Manschettenknöpfe ohne jeden Schnörkel, Silber mit Perlmutt, das passt zu allem.

Unser erster Einsatz war eine Hochzeit. Wo man auch hinsah schöne Kleider und Musik und die Tische schön gedeckt, da dachten wir, das sei immer so.

Aber dann war viele Monate gar nichts. Als wir endlich wieder hervorgeholt wurden, da lutschte als erstes ein sehr feuchter

Babymund an uns. Das war ziemlich ungewohnt, aber letztendlich war es auch schön. Wieder gab es Musik, wieder wurde gesungen, wieder waren die Tische schön gedeckt.

So durchlebten wir Taufen, Hochzeiten und Geburtstage.

Und allmählich wurde uns klar, dass die Menschen dazwischen noch ein anderes Leben haben mussten. Ein Leben, das wir nicht kannten. Ein Leben, für das sie uns nicht zu brauchen schienen.

Mit der Zeit wurden wir immer neugieriger auf dieses andere Leben. Wir fragten die Krawattennadel, was für ein Leben die

Menschen ohne uns führten, doch die Krawattennadel wusste das genauso wenig wie wir.

Eines Tages kam jedoch eine Armbanduhr zu uns in unsere Schublade. Sie war ausgetauscht worden, weil sie nicht mehr modern war. Die Armbanduhr musste man nämlich aufziehen, aber es gab dann wohl Uhren, die man nicht mehr aufziehen musste. Die hatten stattdessen eine Batterie.

Und diese Armbanduhr erzählte uns, wie hektisch der Alltag meistens war. So nannte sie das. Alltag. Mit Terminen vom frühen Morgen bis in den späten Abend. Und erzählte von Arbeit und Zeitdruck und abends gab es dann noch den Verein oder es war noch Papierkram zu erledigen.

Wir staunten. Am seltsamsten aber fanden wir, dass der Esstisch wohl nur sonntags so schön gedeckt war, wie wir das immer erlebten. Wir hatten gedacht, dass die Menschen es jeden Tag schön haben wollten, aber das ist wohl nicht so.

<u>Gesprächsfragen:</u>

o Erzählen Sie von Ihrem Alltag!

o Waren Sie in einem Verein? Oder jemand anders in Ihrer Familie? Erzählen Sie, was in dem Verein gemacht wurde. Gab es auch Vereinsfeste? Wie wurden die gefeiert?

o Die Manschettenknöpfe wundern sich darüber, dass die Menschen nicht jeden Tag den Tisch schön decken. Dass sie es also nicht jeden Tag schön haben wollen. Wie ist das bei Ihnen (gewesen)? Wie wichtig ist Ihnen, dass der Tisch schön gedeckt wird? Hatten/haben Sie vielleicht sogar ein gutes Geschirr/ein Sonntagsgeschirr? Wann wurde damit gedeckt?